Notizbuch

Reichswehr Funker

AF272468

Bibliografische Information der Deutschen Nationalbibliothek:
Die Deutsche Nationalbibliothek verzeichnet diese Publikation in der Deutschen Nationalbibliografie; detaillierte bibliografische Daten sind im Internet über http://dnb.dnb.de abrufbar.

© 2016 Alexander Rettburg; 1. Auflage

Covergrafik, Texte und Illustrationen: © **Alexander Rettburg**

Herstellung und Verlag: BoD – Books on Demand, Norderstedt

ISBN: 9783837078596

Weitere Notizbücher mit historischem Covermotiv
von Alexander Rettburg:

Titel	ISBN
Reichswehrsoldat mit Taube	9783837078695
Reichswehr Funker	9783837078596
Reichswehrsoldat mit Hund	9783837078657
Reichswehr Vereidigung	9783837078817
Reichswehr Flussübergang	9783837078633

Weitere Notizbücher mit Motiven aus
unterschiedlichen Geschichtsepochen in Vorbereitung